Anna Jakowlewa

Auslandsdschungel

Erzählungen

Anna Jakowlewa

Auslandsdschungel

Erzählungen

ANTHEA
VERLAG

Impressum

Hubertusstraße 14
D – 10365 Berlin
TEL: 030 993 93 16
FAX: 030 994 01888
E-Mail: info@anthea-verlag.de
Verlagsleitung: DETLEF W. STEIN

www.anthea-verlag.de

Titelbild: Heike und Filippo Fania (www.2LiveThedream.com)

Lektorat: Olena Domas
Korrektorat: Olga Meleshkevich
Satz: Thomas Seidel

ISBN 978-3-943583-50-2

Oktober 2000

Zeitungsannoncen

Ich war erst seit einem Monat in Deutschland und natürlich noch voller Euphorie und Tatendrang in Bezug auf mein Studentenleben in diesem für mich so faszinierenden und noch so fremden Land.
Damit dies noch eine Weile so blieb und sich meine wenigen Ersparnisse nicht allzu schnell in Luft auflösten, wollte ich nebenbei anfangen zu jobben.
Begonnen hat alles mit dem Zusammenfügen von Werbezetteln mit Zeitschriften, wie sie zu tausenden in unseren Briefkästen landen. Um ehrlich zu sein, gab es dabei nicht immer viel zu tun, deswegen war mein Verdienst nur dürftig und sehr unregelmäßig.
Dieser Job war sowieso nur auf Minijobbasis, weshalb ich damit auch keine Millionen verdienen konnte. Einen großen und unschätzbaren Vorteil hatte diese Arbeit allerdings für mich: Es gab zahlreiche russischsprachige Kollegen. Die ehemaligen Landsleute halfen mir, mich im Dickicht des für mich noch vollkommen unbekannten Alltagslebens zurechtzufinden. Sie waren es auch, die mir empfahlen, eine Anzeige in der Zeitung aufzugeben nach dem Motto:

Suche Putzstelle im Privathaushalt.
Sie meinten, dass dies in vielerlei Hinsicht seine Vorteile hätte:
- Es ist nicht so schwer und man benötigt weniger Zeit wie in einem Büro
- Der Rubel würde wesentlich regelmäßiger und öfter rollen als bisher.
Außerdem, wer weiß, es könnte sich vielleicht eine alte Dame melden, mit der ich mich hätte unterhalten und meine Deutschkenntnisse wesentlich verbessern können. In einem Büro dagegen wäre eine Unterhaltung auf Deutsch höchstens mit einer Kloschüssel möglich. Aber würde die mir antworten? Ich folgte dem Rat und gab eine Anzeige mit meiner Telefonnummer auf.
Mit der Flut von Anrufen, die dann kam, hatte ich wirklich nicht gerechnet. Wobei ich betonen muss, dass von ganz normalen bis zu unsittlichen Angeboten alles enthalten war.

Meistens meldeten sich Männer bei mir und viele von ihnen fragten als erstes: „Wie alt sind Sie?“
Nicht im Traum habe ich auf meine ernsthaft gemeinte Anzeige mit dieser Frage gerechnet und dachte, ich würde getestet, wie schnell ich den Staubsauger schwingen könne. Oder vielleicht sollte ich den Staub mit einer bestimmten Geschwindigkeit saugen, was ja nur eine

sehr erfahrene Frau schaffen konnte. Deswegen war meine direkte Antwort: „27 Jahre.“
Das entsprach zwar in keiner Weise der Wahrheit, dennoch kam es mir in diesem Augenblick als das perfekte Alter vor. Ich war nicht zu jung und unerfahren, aber auch nicht zu alt, um den Staubsauger noch mit Kraft führen zu können.
Die zweite Frage, welche sehr oft gestellt wurde, wunderte mich noch mehr: „Sind Sie verheiratet?“
Ich dachte mir, dass ich wahrscheinlich auf die Gefahr einer möglichen Schwangerschaft getestet werden sollte. Ich hörte davon, dass man solche Fragen von einem Arbeitgeber gestellt bekommen kann und antwortete: „Ja.“
Das entsprach natürlich ebenfalls nicht der Wahrheit, strahlte aber, so dachte ich, eine große Seriosität aus.

Manchmal wurde nach dieser Antwort das Gespräch freundlich beendet und ich fragte mich wie jemand mit diesen Informationen meine Fähigkeiten als Putzkraft beurteilen konnte.

Ich hatte den Eindruck, dass mit der Anzahl der Fragen die Hemmschwelle und das Taktgefühl der Anrufer mit der zehnten Potenz abnahm. Einige Anrufer stellten mir spätestens

nach 10 Minuten eine der nachfolgenden Fragen:
„Können sie vielleicht vollkommen nackt mein Schlafzimmer putzen?"
„Vielleicht können wir nach dem Putzen zusammen duschen gehen, da sie ja so geschwitzt haben?"
„Besteht die Möglichkeit, dass ich sie zusammen mit einer ihrer russischen Freundin beim Putzen filmen könnte?"

Einige der Interessenten waren nicht so wohl erzogen oder ihr Problem war so akut, dass sie nicht erst um den heißen Brei herum geredet haben. Es gab Anrufe, die mit doppelsinnigen Anspielungen oder mit einer einzigen Frage begannen: „Können wir Sex haben?"

Möglicherweise gibt es Menschen, die in ihrem Leben auf solche Fragen vorbereitet sind und entsprechend gelassen reagieren. Ich war es in diesen Momenten ganz sicher nicht. Bei mir funktionierte ein anderer, automatischer Schutzmechanismus: Ich legte den Hörer einfach sofort auf.

Diese Gespräche erschraken mich und brachten mich gleichzeitig zu nachfolgenden Überlegungen: Wo verschwindet die Grenze zwischen der Einsamkeit und dem Verlangen?

Wann erlischt das Schamgefühl und Mann erlaubt sich solche Fragen einer ganz unbekannten Frau zu stellen?
Scheinbar hat jeder Fall seine eigene Antwort.
Ich schob den ganzen Dreck einfach von mir und beschloss, nicht mehr solche Anzeigen aufzugeben, zumal ich kein einziges vernünftiges Angebot erhielt.
Warum hatte meine ältere Dame nicht angerufen?

Mein Studentenleben mit seinen schönen Seiten und Problemchen ging weiter. Aber schneller als ich „Hu“ sagen konnte, kam der Moment, in welchem mein Geldbeutel dann doch dringend eine Finanzspritze benötigte.
Notgedrungen gab ich wieder eine Anzeige auf.
Diesmal war es in Bezug auf Nachhilfe für Kinder in englischer Sprache.
Wieder kamen zahlreiche Anrufe. Alle davon waren geschäftlich, mit einer Ausnahme.

Seiner Stimme nach war Martin – so stellte er sich vor – Anfang 30. Er wollte nur seine Englischkenntnisse auffrischen. Die Sprache bräuchte er für seine Arbeit. Ein bisschen altes Kind dachte ich, aber alles paletti, und ich würde eine Ausnahme machen. Danach folgten Fragen von Martin bezüglich Unterrichts-

zeit und deren Bezahlung. Ich nannte ihm meine möglichen Zeiten und meinen benötigten Verdienst, welche er kommentarlos zur Kenntnis nahm.
Ich war froh über dieses normale Telefonat, da ich an Martins Stelle dieselben Fragen gestellt hätte. Nachdem Martin alle für ihn nötigen Informationen erhielt, meinte er, er würde sich später noch mal melden, er bräuchte Zeit zum Überlegen. Nach dem Auflegen vergaß ich ihn.

Martin meldete sich wieder nach einer Woche. Er sagte, er würde sehr gerne Nachhilfe bei mir nehmen, allerdings unter der Bedingung, dass wir uns nach dem ersten Unterricht in einer Bar treffen würden, um gemeinsam die Zeit zu verbringen.
Natürlich antwortete ich sofort mit einem energischen: „Nein“, und wollte gerade den Hörer auflegen, als es aus Martin herausbrach:
„Bitte leg den Hörer nicht auf. Weißt du, wie einsam ich bin? Ich bin seit fünf Jahren alleine.“
„Na und, das ist doch nicht mein Problem, ich kenne dich doch überhaupt nicht.“
„Weißt du, wie schwer das für mich ist? Ich denke ständig, etwas sei mit mir verkehrt.“
In diesem Augenblick tat Martin mir auf unerklärlicherweise leid und ich antwortete:

„Ok, ich dachte immer, nur wir Mädels machen uns solche Gedanken und suchen nur bei uns nach den Fehlern. Vielleicht solltest du einfach dein Leben so wie es ist genießen?"
„Ein guter Rat. Wie soll ich es genießen, wenn ich dich z. B. in eine Bar einlade, du mir aber gleich eine Abfuhr erteilst?"
„Martin, vielleicht musst du nicht vollkommen fremde Frauen am Telefon fragen, sondern sie ganz normal, live kennenlernen. So wird die Reaktion auf dein Angebot eventuell anders ausfallen."
„Ich werde über deinen Hinweis nachdenken. Danke und Tschüß."
„Tschüß."

Dieses Telefonat brachte mich ziemlich durcheinander.
Es weckte wieder meine tiefe Angst in mir, welche irgendwo zwischen meiner Seele und meinem Unterbewusstsein verborgen war. Diese Angst, welche ich normalerweise weit von mir schob, in dem ich mich mit verschiedenen geistigen und körperlichen Arbeiten beschäftigte, kroch meinen Körper langsam hoch.
Diese Gedanken konnte ich nicht mehr aufhalten; und es waren keine fröhlichen Gedanken. Ich war doch noch nicht einmal 30 Jahre alt und studierte noch, und dennoch schien mein

gesamtes Ich wie von unzähligen Metastasen dieser Angst befallen.
Einsamkeit.
Scheinbar sitzt in vielen von uns die Furcht vor Einsamkeit – selbst wenn man einen Partner hat, kann man einsam sein, wenn dieser einen nicht wirklich versteht oder nicht akzeptiert.

Martin meldete sich noch eine Woche lang regelmäßig. Zum Glück war seine Nummer nicht unterdrückt, sodass ich wusste, wer anrief und nicht Rangehen brauchte.
Rein zufällig lernte ich Martin ein halbes Jahr später in der Sprachschule kennen, in welcher ich im Anmeldebereich jobbte und so seinen Namen mit der Telefonnummer wiedererkannte. Er entpuppte sich als ganz normaler Kerl. Höchstwahrscheinlich gehörte er nicht zu dem Abschaum, der nur ein Ziel mit dem Anrufen auf Annoncen verfolgte, sondern war einfach stark in seiner Einsamkeit verloren.
Eine Zeitungsannonce gab ich seitdem nicht mehr auf.

April 2001

Bist du aus Sibirien?

„Bist du aus Sibirien?“

Gleichzeitig mit der Frage an mich hörte ich heftiges Bremsen eines Fahrrades vor mir. Die Frage traf mich so überraschend, dass ich stehen blieb, ohne zu merken, dass ich mich immer noch auf dem Zebrastreifen befand.
„Komm hierher, es ist sicherer auf dem Gehweg.“
Wie in Trance bewegte ich meine Füße in Richtung des Gehweges, aus dem auch die Stimme kam. Und natürlich ist es dort sicherer als mitten auf der Straße.

„Ich bin Markus. Wieso schweigst du noch immer? Ist dir nicht etwas zu warm in deinem dicken Mantel?“

Es war Ende April und das Wetter war wirklich schön. Es war ziemlich warm, obwohl es bereits später Abend war. Dennoch war mir in meinem Mantel gar nicht warm, er war genau richtig für mich. Der Mantel spielte heute für mich eine ganz besondere Rolle, er wärmte mich gleich doppelt. Einmal natürlich meinen Körper, wie er dies gewöhnlich jeden Tag

machte und dann noch meine Seele, da er ein sehr wichtiges Dokument in seiner großen Außentasche bewahrte.
Ich war unterwegs von der Uni nach Hause und war richtig gut gelaunt. In dem Dokument stand, dass aus meinem russischen Diplom hier in Deutschland wichtige Fächer anerkannt wurden. Dies sollte mein Studium hier doch wesentlich erleichtern. Wenigstens dachte ich mir das so. Ich hatte bei der Übergabe des Dokumentes ein bewegendes Gespräch mit einem Professor über die Hochschulsysteme in Deutschland und Russland und deren Unterschiede. Natürlich gibt es eklatante Unterschiede und mit denen befasste ich mich während meines Heimweges in meinen Gedanken und war ganz, ganz weit weg.
Und plötzlich so eine nicht alltägliche Frage aus dem nichts, ob ich aus Sibirien sei.

„Ist dir nicht etwas zu warm in deinem dicken Mantel?“
„Nein, wieso sollte mir warm sein?“
„Aha, das dachte ich mir schon. Man sieht sofort, dass du aus Sibirien kommen musst.“

Diese Antwort von ihm machte mich total sprachlos. Gewöhnlich assoziieren Europäer mit „Sibirien“ Kälte, das ganze Jahr über ewige Kälte, Schnee und natürlich weiße Bären.

Sie sind dann der Meinung, dass ich das Wetter hier als ewigen Sommer empfinde und deshalb nur leicht bekleidet herumlaufen müsste. Auch gibt es nach der landläufigen Meinung bei uns natürlich nur Wodka zum Trinken und manchmal bekomme ich die Frage zu hören, wofür ich denn wohl verbannt worden sei?

Nicht alle wissen, dass Sibirien ein ausgeprägtes Kontinentalklima besitzt, obwohl heutzutage solche Informationen leicht im Internet zu erfahren sind. Martin schien es zu wissen.

„Wie heißt du?"
„Maria."
„Wie geht's Dir?"
„Gut, und selbst?"
„Ja, alles paletti. Ich bin gerade unterwegs zu meinem Kumpel. Er wohnt hier im Studentenwohnheim am Campus. Und du?"
„Ich bin auf dem Weg nach Hause und meine Fächer wurden anerkannt."
„Hast Du schon in Sibirien studiert?"
„Ja."
„Und jetzt hier wieder?"
„Ja."
„Und was?"
„Wirtschaftswissenschaften."
„Oh, genau wie ich. Aber weißt du, ich will von hier weg, breche mein Studium ab und

ziehe nach Göttingen. Mich kotzt hier in Kassel alles an."
„Aha. Und dann geht man nach Göttingen?"
„Ja, weißt du, ich bin schon 29 Jahre alt, habe aber in meinem Leben noch nichts erreicht."
„Du hast doch noch alles vor dir."
„Weißt du, wie schnell die Zeit vergeht! Ich möchte mein eigenes Ding machen. Nur weiß ich noch nicht ganz genau, welches."
„Dann solltest du dir mal Gedanken drüber machen."
„Das mache ich schon. Dieses typisch Deutsche geht mir ziemlich auf den Senkel. Ich muss was Neues erleben. Ich bin doch halb Franzose, aber hier geboren."
„Solltest du dann nicht vielleicht nach Frankreich ziehen, wenn dich hier alles so sehr nervt."
„Das geht dann aber schon zu weit."
„Warum denn nicht? Die Mentalität dort ist doch eine ganz andere, möglicherweise passt diese viel besser zu dir."
„Nein, nein. Das geht mir zu weit, ich schaffe es hier schon irgendwie. Mache mein Geschäft auf, und dann…"
„Ok, Tschüss."
„Was? Soll ich etwa gehen?"
„Ja."
„Ich soll wirklich gehen?"

„Ja, wir können doch hier nicht so stehen und uns noch weiter zwei Stunden unterhalten."

„Ok, dann gehe ich jetzt."
„Tschüss, mach's gut."

Markus stieg auf sein Fahrrad und fuhr in Richtung Uni los.

Du halber Franzose, halber Deutscher, welcher so gut über das sibirische Klima informiert ist, viel Erfolg wünsche ich dir.

März 2002

Treffen mit Michael

Heute Nachmittag traf ich mich zum ersten Mal mit Michael. Das war kein Blind Date, nein. Es war auch keine Bekanntschaft durch das Internet. Das war eine Verabredung, welche durch meine Bekannten zustande kam. Dafür gibt es eine einfache Erklärung: Meine Freundin Irina entschloss sich, zwei einsamen Seelen zu helfen. Eben Michael und mir. Nach meiner gescheiterten Beziehung mit Josef machten sich allgemein viele Mädels um mich Sorgen. Damit ich ihn wenigstens etwas vergesse, entschieden sie, dass dafür ein Kennenlernen mit Michael nötig sei. Michael wurde nicht verlassen, nein, er war einfach nur sehr einsam. Den Grund für seine Einsamkeit kannte ich allerdings noch nicht. Deswegen war er über eine Lösung dieses Problems sehr froh. Schließlich hatte er ein gutes Beispiel eines Ehepaars unterschiedlicher Nationalitäten, einer Russin und eines Deutschen, direkt vor seiner Nase: Irina und Helmut – sein bester Freund. Wenn es sogar bei Helmut klappte, wieso sollte es dann auch nicht er probieren, dachte Michael. Er würde einfach denselben Weg gehen: zuerst ein paar Briefwechsel und danach könnte man sich treffen. Dabei hatte es

Michael aber viel leichter, da ich schon hier in Deutschland war und nicht wie Irina damals noch in Russland. Dadurch gab es für Michael einige Probleme weniger: Er brauchte sich nicht um mein Visum zu kümmern, mich nicht vom Flughafen abholen und sich auch keine Sorgen machen, ob alle diese Dinge glatt laufen würden. Für mich war das auch eine praktische Lösung: Zuerst Informationsaustausch per E-Mail, anschließend persönliches Treffen und zum Schluss könnte ich mein Urteil fällen. Was mir weiterhin noch sehr gefiel: Es war auch für Michael Prüfungsstress, sodass sich der zeitliche Aufwand in Grenzen halten sollte.

Also begann zum Jahresanfang alles zwischen uns mit dem Schreiben von E-Mails. Das lief so etwa zwei Monate lang und war mäßig intensiv, denn das Lernen hatte für uns beide eben oberste Priorität. Es war auch eines der ersten Themen unserer Emails, wie aus nachfolgenden Auszügen zu erkennen:

10. Januar

Hallo Maria.
Irina gab mir deine Adresse, damit ich Dir schreiben kann. Du weißt schon, ich bin Michael – der beste Freund von Helmut, studiere – wie Helmut – Maschinenbau. Ich bin auch – wie Helmut – 31 Jahre jung, bin aber – im Gegensatz zu ihm – ledig.
Zurzeit bereite ich mich gerade für meine eine Klausur in diesem Semester vor. Es ist VWL II und das ist ein sehr schweres Fach. Deswegen weiß ich auch noch nicht, ob ich noch eine andere Klausur in diesem Semester schreibe.
Ich freue mich auf deine Antwort.
Michael

15. Januar

Hallo Michael.
Vielen Dank für deine Email. Auch mir erzählte Irina viel über Dich.

Über VWL II hörte ich schon von höheren Semestern. Ich muss später auch mal diese Klausur schreiben. In diesem Semester habe ich aber andere Fächer belegen müssen: Einführung in Linguistik und Literatur, VWL I und BWL I. Wenn ich mir meinen derzeitigen Gemütszustand betrachte, habe ich allerdings

keine große Lust zu lernen. Dabei ist das Studium das Einzige, was mich im Moment retten kann.
Michael, was machst du in Deiner Freizeit? Welche Hobbys hast du?

Wünsche Dir viel Erfolg beim Lernen.
Maria

25. Januar

Hallo Maria.
Sorry für mein so langes Schweigen, ich war halt sehr beschäftigt. Ich war sehr froh, als ich deine Nachricht erhielt. Zu deinen Fragen nachfolgende Antworten: Ich liebe, z.B. im Park spazieren gehen. Ich mag es aber nicht alleine machen. Früher war ich sehr viel zusammen mit Helmut unterwegs, jetzt – wo er verheiratet ist – geht das nicht mehr.
Außerdem liebe ich sehr leckeres Essen. Ich koche selber sehr gut, insbesondere verschiedene Gerichte aus Pasta. Ich probierte aber auch schon Einiges aus der russischen Küche: Gerichte, welche Irina kochte. Ich kann es kaum erwarten, wenn wir mal zusammen etwas kreieren könnten.
Maria, was ist dein Lieblingsgericht? Warte auf deine Antwort.
Michael

<u>13. Februar</u>

Michael, hallo.
Ich habe auch nichts dagegen, leckere Sachen zu verspeisen. Nun ist Kochen nicht so sehr mein Gebiet. Deswegen würde ich mich freuen, deine Kochkünste kennenzulernen.
Maria

Es gab noch einige Emails die hin und her geschrieben wurden. Neue Themen sind dabei aufgetaucht, andere Fragen wurden gestellt. In meinem Kopf, genauso wie wohl auch in Michaels, entstand damit ein bestimmtes Bild vom jeweiligen Schreibpartner.
Endlich waren alle Klausuren geschrieben und die lang ersehnten Ferien gingen los. Man konnte sich ohne Zeitdruck treffen. Ein Tag wurde ausgesucht, die Uhrzeit festgelegt und dann war es so weit: Heute ist Trefftag. Wenn ich mit mir selbst ehrlich bin, hatte ich nicht wirklich große Lust auf dieses Treffen. Mit meinen Gedanken war ich wieder stärker bei meinem Ex. Selbst jetzt konnte mich dieser Josef nicht in Ruhe lassen!
Außerdem glaubte ich nicht so richtig an all diese von anderen organisierten Methoden zum Kennenlernen wildfremder Menschen. Andererseits wäre es unhöflich, ein vereinbartes Treffen abzusagen. Der andere Mensch

wartet doch schon auf mich. So ging ich also hin. Ich war trotzdem etwas aufgeregt, natürlich, bin ja noch ein Mensch mit Gefühlen und keine Maschine geworden.

Und da stand er, Michael... Er war sehr groß, was mir bei Männern an sich sehr gefällt, wenn mir nicht gleichzeitig eine Kleinigkeit ins Auge gestochen wäre. Wie könnte man dies höflich beschreiben? Es fiel auf, er mag Pasta sehr und nicht nur die.
Halt, Halt: Man darf doch nicht den Anderen nur nach seinem Äußeren beurteilen. Mir fiel das aber bei Michael sehr schwer. Das vorher entstandene Bild über Michael in meinem Kopf passte mit dem realen nicht überein. Ich hoffte, mein Gesicht ist mein Freund und Michael konnte meine Gedanken und Gefühle nicht lesen. Halt Maria, nicht so schnell aufgeben!
Kurz wurde gegenseitig „Hallo" gesagt, Hände gedrückt. Wir entschieden uns, in ein Studentencafe zu gehen, welches in unmittelbarer Nähe lag.

Von Anfang an klappte es mit dem Gespräch irgendwie nicht. Wahrscheinlich fing auch bei Michael an, dass sich sein Bild von mir in seinem Kopf zu verändern begann – bei mir tat es dies jedenfalls immer stärker. Wir kamen also das erste Mal zusammen, gingen in ein Cafe und Michael half mir nicht einmal, meine Jacke auszuziehen: Mein altes Bild im Kopf vom großen, klugen und zuvorkommenden Michael zerbrach immer schneller. Aber vielleicht muss ich das mit den fehlenden Manieren einer ziemlich hübschen Frau gegenüber nicht überbewerten. Michael war wohl einfach viel zu aufgeregt.

Das ist doch ganz normal, sagte ich zu mir. Ich muss das lassen die Menschen gleich abzustempeln und sie nur in eine bestimmte Schublade zu stecken. Er braucht halt seine Zeit.

Allerdings heißt es in meiner Heimat: Die Gewohnheit ist dein zweites Ich. Ich kann mich nicht innerhalb von 10-15 Minuten in jemanden anderen verwandeln, der diese Dinge akzeptieren kann. DAS IST UTOPISCH.

Zum Glück brauche ich mich nicht gleich zu verwandeln, da jetzt diese rettenden 5 Minuten kamen, während denen wir unsere Getränke aussuchten. Klasse, man konnte sich hinter der Karte verstecken und schweigen. In dieser Zeit besuchte mich aber ein anderer Gedanke: Wird Michael mein Getränk zahlen oder nicht? Warum kann ich mich nicht einfach entspannen und es genießen wie es läuft.

Dabei ging es mir nicht unbedingt darum, dass er bezahlen sollte, sondern ob er das mit mir vorher besprechen würde. Im Moment gibt es

von ihm kein Zeichen in irgendeine Richtung. Vielleicht mochte er mich am Ende etwa überraschen?
Gedanken, meine Feinde, geht weg, verschwindet. Ich bin hier, um mich zu unterhalten und diese Verabredung zu genießen. Genuss, wo bist du denn? Ich musste das Gespräch am Laufen halten.
„Und, was machst du jetzt in den Ferien?“
„Weist du, ich entspanne mich. Das Semester war so schwer, und so tanke ich Energie für das Nächste.“
„Wie war denn deine eine Klausur?“
„Gott sei Dank, die habe ich bestanden. Das war schon mein zweiter Versuch. Für den dritten, denke ich, hätte ich keine Kraft mehr gehabt.“
„Dann gratuliere ich dir. Was heißt denn ‚entspannen‘?“
„Ich werde spazieren gehen, kochen und meine Mutter besuchen. Weißt du, ich liebe sie so sehr. Sie spielt eine besondere Rolle in meinem Leben.“
„Cool, meine Eltern haben auch einen besonderen Platz in meinem Leben. Nur besuchen kann ich sie jetzt nicht so oft.“
„Weißt du Maria, ich kann mir gar nicht vorstellen, so mit Anfang 20 in ein fremdes Land zu gehen, vor allem für so lange Zeit.“
„Irina hat das doch auch getan?“

„Das ist doch was anderes. Sie hat doch Helmut geheiratet."
„Ja, aber sie ist doch trotzdem auch alleine in einem fremden Land ohne ihre Verwandten."
„Sie hat aber jetzt Helmuts Familie, welche ihr hilft und sie unterstützt. Ich war selber drei Wochen in Frankreich als Austauschschüler. Nach drei Tagen wollte ich abhauen. Ich war so einsam, konnte die Sprache nicht."
„Ja, du warst aber dort, um diese zu lernen."
„Schon klar. Allerdings kam alles auf mich zu, wie ein Berg, welcher drückte und drückte und mich fast erdrückte."
„Diese drei Wochen hast Du doch aber durchgehalten?"
„Natürlich, ich hatte ja keine andere Wahl. Ich kam aber zum Schluss, dass das Leben in einem anderen Land nicht mein Ding ist."
„Ich verstehe dich. Am Anfang ist es sehr schwer und man verliert öfter den Mut. Andererseits ist es wie eine Prüfung für einen selbst."
„Weißt du, ich habe genug Prüfungen an der Uni."
„Jedem das seine. Stell dir vor, die ganze Bevölkerung unseres Planeten wäre bereit, ständig aus einem Land ins andere zu ziehen. Ziemlich unrealistisch."
„Ich bin aber sehr froh, dass du dich für diesen Schritt entschieden hast. Sonst hätte ich dich

nie kennengelernt. Ich würde gerne unser Kennenlernen vertiefen."

„Oje, Michael, weißt du, trotz der Ferien bin ich sehr, sehr beschäftigt. Ich kann dir nichts versprechen. Ich muss arbeiten und Geld verdienen, meine Hausarbeiten schreiben und überhaupt …"

In diesem Augenblick wirkte Michael sehr niedergeschlagen. Man darf doch aber nicht so schnell aufgeben. Ohne noch mal zu versuchen, seine eigenen Absichten durchzusetzen.

Mein Bild über Michael zerfiel nun endgültig. Ich fühlte mich in seiner Gegenwart gar nicht beschützt oder gar geborgen, obwohl er sehr groß war und gemütlich schien. Ein großes Kind.

Für ihn habe ich keine Zeit. Das Bild zerbrach und an seiner Stelle tauchte ein Neues auf: Josef. Dieses verfolgte mich und ließ mich lange Zeit nicht in Ruhe. Und ich konnte nichts dagegen tun, wenigstens zu diesem Zeitpunkt nicht.

Juni 2002

Dichter aus Indien

Ich traf ihn jedes Mal, wenn ich im Rechenzentrum der Uni war.
Er war dort, als ich das Zentrum zum ersten Mal besuchte, er war auch immer da, als ich dort regelmäßig hin musste und er war da, als ich nur ab und zu in das Zentrum musste. Es kam mir so vor, als ob er dort wohnen würde und so selbst zu einem Teil des Rechenzentrums wurde. Schon nach kurzer Zeit konnte ich mir das Zentrum ohne ihn nur sehr schwer vorstellen.

Dass er aus Indien kam, war nicht zu übersehen. Ein Inder in Deutschland im Jahr 2002. Damit war alles klar: Er konnte nur ein IT-Mann sein, welcher mit einer Green-Card hierher kam. Nicht dass mich diese Tatsache sehr interessierte, aber wenn man jemanden so oft an ein und demselben Ort sieht, packt man denjenigen schnell in eine bestimmte Schublade.

Kann sein, dass er sich auch Gedanken über mich und alle anderen machte. Sitzend vor dem Bildschirm, merkte er sich höchstwahrscheinlich jeden, der ins Rechenzentrum kam und es wieder verließ.

Wie automatisch fingen wir uns gegenseitig an zu begrüßen und eines Tages gipfelten diese Grüße in nachfolgende Einladung.

„Hallo, ich wollte schon seit längerem fragen, wie du heißt."

„Maria."

„Sehr schöner Name. Ich bin H."

„Angenehm."

„Ich bin so froh, dass wir uns endlich kennenlernen." Weißt du, ich bemerkte dich schon, seit dem du das erste Mal herkamst."

„Ich dich auch. Ich habe wirklich das Gefühl, dass du hier wohnst."

„Stimmt, ich bin wirklich sehr viel hier, wohnen tue ich aber woanders. Dorthin wollte ich dich einladen. Ich organisiere eine kleine Party mit einigen Freunden, und würde dich gerne dazu einladen."

„Findet die Party bei dir zu Hause statt?"

„Ja, an diesem Samstag um 16 Uhr."

„Das muss ich mir noch überlegen und sage dir dann Bescheid."

„Klar kannst du dir das überlegen, hier ist meine Adresse. Du kannst dann einfach vorbeikommen, wenn du magst. Ich hoffe dich zu sehen."

Das Angebot fand ich sehr verlockend. Es wäre doch sicher sehr spannend, den Informatiker einmal außerhalb „seines“ Rechenzentrums zu treffen. Bis Samstag bleibt mir ja noch genügend Zeit, mich zu entscheiden.

Dann kam der Samstag doch schneller als gedacht und ich entschloss mich, auf die Party zu gehen. Meine Neugier auf den Gastgeber, seine Freunde und vor allem seine echte Wohnung war einfach zu groß. Außerdem würde mich dort doch niemand festhalten, falls mir etwas nicht gefallen sollte. Dann würde ich einfach wieder gehen.

So stand ich kurze Zeit später vor seinem Haus und klingelte. Ohne Nachfrage ertönte der Summer und die Tür wurde geöffnet. Ich ging hoch auf die zweite Etage. Der Gastgeber öffnete mir selbst die Tür und freute sich sehr, mich zu sehen. Auf dem Weg zum Wohnzimmer gab es zu meiner Verwunderung keine Sensationen. Ich kam ins Wohnzimmer, wo ich den anderen Gästen begegnete und immer noch alles total normal war. Alle waren wesentlich älter als ich. Oder kam es mir nur so vor? Ich war doch erst Anfang 20 und alle anderen bestimmt weit über 30. Diese Tatsache war sehr interessant.

Erst nach einer Weile bemerkte ich eine weitere, noch viel bemerkenswertere Tatsache. Ich war von zahlreichen Bücherregalen umringt, welche mit Werken von Vladimir Nabokov, Thomas Mann und Émile Zola gefüllt waren – allesamt mir sehr bekannte Namen, die aber rein gar nichts mit Computern und IT zu tun haben. Auch standen dort Bücher von mir unbekannten Schriftstellern wie, z. B. Wladimir Kaminer, Bernhard Schlink ... Ich war ziemlich irritiert, aber plötzlich wurde meine Nachdenklichkeit unterbrochen: Das Essen wurde serviert.
Alle Gerichte waren natürlich mit reichlich Gewürzen und jeder Menge Reis, der selbstverständlich nicht wegzudenken ist aus der indischen Küche. Traditionell wurde mit den Händen gegessen.
Das alles war sehr ungewöhnlich, weniger das Essen, vielmehr kamen mir wieder die namhaften Schriftsteller in den Bücherregalen in den Kopf – es stellte sich heraus, dass mein Gastgeber kein IT-Mann mit Green Card war, sondern ein leidenschaftlicher Dichter.
Wer hätte sich so was denken können!?
Wie ich mich irrte.

Daraufhin erzählte mir H., dass er vor ca. 15 Jahren nach Deutschland kam, um hier Germanistik zu studieren. Schon vorher in sei-

ner Heimat merkte er von alleine, dass er seine Gefühle und Gedanken am besten mittels Gedichten ausdrücken konnte. Wie so oft bei begabten Leuten, sind solche Menschen in vielen Bereichen talentiert. So war es auch mit meinem „IT-Mann“: Er war in der Lage, sich genau so gut in der für ihn fremden deutschen Sprache wie in seiner Muttersprache zu äußern. Dann kam eins zum anderen: Er schrieb zuerst nur für sich selbst, nahm später an Literaturwettbewerben teil. Nachdem dabei ein Sieg auf den nächsten folgte, wurde er entdeckt. Danach kamen Veröffentlichungsangebote. Der Dichter formte sich aus seinem Wunsch zu schreiben, sich mit Gedichten auszudrücken.
Im Rechenzentrum war er so oft, weil er dort seine Gedanken am besten in Worte kleiden konnte.
Meine Bekanntschaft mit dem „IT-Mann“, der sich als Dichter entpuppte, setzte sich fort. Das nächste Treffen fand auf seinen Vorschlag hin nur zwischen uns beiden in einem Studentencafe neben dem „Unibuch“ statt. War das die symbolische Wahl des Dichters?

Wir hätten reichlich Stoff für gemeinsame Gespräche gehabt, aber irgendwie wurde das Thema „Geld“ zur Hauptthematik. H. versuchte mich zu überzeugen, dass ich noch fleißiger

studieren sollte, damit ich später genau so viel wie er, vielleicht sogar wesentlich mehr, verdienen könnte. Dabei hatte ich bisher immer gedacht, dass ich es für meine Verhältnisse gar nicht so schlecht meistere.
Als Beispiel nannte er, was für Beträge er für seine Lesungen bekäme und was er sich dafür alles leisten könnte! Die Sachen, die er nannte, mag ich hier nicht auflisten. Weiter schwärmte er, dass der Verkauf von seinen Büchern ihm nicht nur Ruhm bringe, sondern auch finanzielle Sicherheit.
Umso länger unser Gespräch dauerte, umso unangenehmer und sogar richtig ekelhaft fühlte ich mich. Natürlich ist es unbestritten, dass die Arbeit einem Freude bereiten soll, sowohl seelische als auch finanzielle.

Nichtsdestotrotz konnte ich mir nur sehr schwer vorstellen, dass Vladimir Nabokov oder Thomas Mann solche intensiven Gespräche über die Honorare für ihre Werke mit Bekannten geführt haben. Vielleicht ließ sich H. mit solchen Größen einfach nicht vergleichen!
Das war mein letztes Treffen mit ihm.

Das Rechenzentrum besuchte ich seitdem auch nicht mehr: Ich kaufte mir einen Laptop und ließ mir einen Internetanschluss zu Hause installieren.

Frühling – Herbst 2002

Auslandssemester!

Wir sollten für ein Semester nach England fahren, als Austauschstudentinnen. Wir, das sind Tanja – meine deutsche Freundin und ich.
Tanja kannte ich zu diesem Zeitpunkt schon ein Jahr, seit dem Anfang meines Studiums hier in Deutschland. Sie fiel mir auf Anhieb während des ersten Unterrichts der englischen Grammatik auf. Wir waren zufällig Nachbarn am Tisch und da ich ihr auch sofort sympathisch war, machten wir ebenfalls alle unsere Gruppenaufgaben zusammen. „Grammatik" war nicht der einzige Unterricht, welchen wir gemeinsam besuchten. In vielen anderen Seminaren und Vorlesungen saßen wir irgendwie auch immer nebeneinander. Von Beginn an verstanden wir uns ohne viele Worte. Sehr schnell fingen wir an, uns auch außerhalb der Universität zu treffen und wurden so zu Busenfreundinnen. Deshalb fanden wir es auch für selbstverständlich, unser Auslandssemester an derselben Universität in England zu absolvieren.
Heute hielten wir also unsere Bestätigungsunterlagen in der Hand und bekamen die Plätze vorerst für ein Semester. Alle Formalitäten waren somit erledigt und wir fingen an, unsere

Reise nach Wolverhampton – die Stadt, in der unsere Uni lag – zu planen.
Wir entschieden uns, mit dem Zug nach England zu fahren. Dies erschien uns in jeglicher Hinsicht als das ideale Fortbewegungsmittel. Allein schon das Abenteuer, durch den Eurotunnel unter dem Ärmelkanal zu fahren, beflügelte unsere Gedanken. Wir fühlten uns wie weibliche Robinsons, welche die „alte" Welt entdeckten.
Dabei blendeten wir mögliche Schwierigkeiten vollkommen aus. Erst irgendwo in der Mitte unserer Reise werden wir uns erinnern, dass Robinson ja nicht alleine unterwegs war. Er hatte eine Menge Helfer dabei, die wir nicht hatten. Wir merkten ziemlich schnell, dass wir unsere Kräfte gewaltig überschätzt hatten und uns niemand die Schlepperei unserer vielen Taschen und Koffer abnehmen würde. Wir fuhren doch mindestens für ein Semester ins Ausland – und das als Mädchen.
Wir entschieden uns zwei Wochen vor Semesteranfang zu fahren, um noch etwas Zeit zu haben uns an das neue und unbekannte Land zu gewöhnen. Da soweit nun alles klar war, blieb nur noch die Tickets für die Bahnfahrt zu besorgen. Auch die Wohnungsfrage für unsere Zeit auf der Insel hatten wir schon gelöst. Tanja hatte sich für ein Zimmer im Studentenwohnheim beworben und bekam auch eine Zu-

sage. Da dies meiner Meinung nach eine zu kostspielige Variante war, entschied ich mich gegen das Studentenwohnheim. Dennoch musste ich nicht als Obdachloser unter einer Brücke schlafen.
Ein guter Bekannter von mir, welcher Religion studierte, empfahl mir eine Anfrage bezüglich eines Zimmers an eine Kirchengemeinde in England abzuschicken. Ich schrieb also eine E-Mail, ohne mir wirklich große Hoffnungen auf eine positive Antwort zu machen. Aber nach kurzer Zeit geschah das Wunder: Anstatt ein Zimmer bei einer älteren Dame, welches ich in meiner E-Mail beschrieben hatte, sollte ich ein ganzes Haus bekommen!
Ja, ein typisches, zweistöckiges englisches Haus, mit einem Kamin im Wohnzimmer, ganz für mich allein! Das wichtigste aber war, dass dieses Haus wirklich günstiger war als das Studentenwohnheim. Leider konnte die Gemeinde mir noch keine Fotos von dem Haus zusenden, da es gerade renoviert wurde. Darüber informierte mich der Pfarrer der Gemeinde, in welcher mein vorübergehendes Zuhause steht, höchstpersönlich. Trotzdem willigte ich sofort ein, obwohl ich niemals zuvor allein in einem Haus gewohnt hatte. Dabei hoffte ich, dass Tanja sich auch für das Haus entscheiden und ihr Zimmer im Studentenwohnheim abgeben würde. Allerdings sah das Studenten-

wohnheim auf den Bildern, die Tanja zugesandt bekommen hatte, sehr repräsentativ aus. Aber wer wusste schon, wie sich das Zimmer im wirklichen Leben darstellte.

Nach scheinbar endlosem Warten begann endlich unsere Reise ins Unbekannte. Leider wurde deren erster Tag durch die heftige Erkältung, welche Tanja seit zwei Tagen heimsuchte, überschattet. Man kann sich sehr leicht vorstellen, dass dies unsere Reise wie z. B. das Schleppen unserer Koffer und Taschen nicht gerade erleichterte. Um genau zu sein, durfte ich nun alleine unser gesamtes Zeug schleppen. Tanja stand unter Medikamenteneinfluss und war kaum in der Lage, sich zu bewegen. Zusätzlich musste ich sie, wenn sich ihre Kräfte für einen Augenblick komplett verabschiedeten, jedes Mal hinter mir herziehen. Ich konnte sie ja nicht beim Überqueren von einem Gleisübergang zum anderen einfach stehen lassen. Und da man nicht gerade behaupten kann, dass ich zu den Gullivers gehöre und Tanja auf keinen Fall eine zierliche Person ist, gaben wir anscheinend ein sehr lustiges Bild ab: Tanja als Don Quixote und ich als Sancho Pansa. Von diesem hatte ich nur die Größe, die Fülle kam von den vielen Taschen und Koffern, welche mich umringten. Eine Tragikomödie. Bei einigen Außenstehenden weckten wir anscheinend sehr viel Mitleid. Scheinbar von diesem Gefühl geleitet, entschied sich ein junger Mann uns zu helfen. Zuerst streckte er seinen Arm nach mir aus, um den größten und schwersten Koffer zu nehmen und ihn für uns die Treppe hinunter zu tragen. Der Koffer gehörte Tanja, die, vom Instinkt der Besitzverteidigung ergriffen, die hemmende Medikamentenwirkung überwand und mit ihren letzten Kräften dem zuvorkommenden Helfer den Koffer aus der Hand riss. Und das so kraftvoll und überraschend, dass der arme junge Mann ein paar Meter von uns weg stolperte und auf den Boden flog. Er schaffte es nicht einmal mehr, den Wunsch uns nur helfen zu wollen, verbal auszudrücken. Ob er sich Verletzungen durch seinen ungeplanten Sturz zugezogen hatte und welche, erfuhren wir nie, da uns die Menschenmenge am Bahnhof weiter trieb. Wir mussten zu unserem Zug, welcher uns an unser ersehntes Ziel – Wolverhampton – bringen sollte. Dass dies nicht so leicht passieren würde, erfuhren wir, als wir kurze Zeit später an unserem Gleis ankamen. Es war leer und die Antwort des von uns befragten Bahnmitarbeiters war ernüchternd – wir hatten unseren Zug verpasst. Es blieb uns nichts anderes übrig, als den nächsten Zug zwei Stunden später zu nehmen. Unsere Reisezeit verlängerte sich und dies, wo wir doch am Zielbahnhof erwartet wurden. David – der Kirchenpfarrer, mit dem ich bezüglich des Hauses in letzter Zeit im Briefwechsel stand, wollte uns vom Bahnhof abholen und zu unserem Haus bringen. So hatten wir es vereinbart. Tanja sollte erst mal mitkommen, da sie so spät am Abend nicht mehr in ihr Studentenheim einziehen konnte. Allerdings konnte ich an Tanjas Gesicht fast minütlich ihren aufsteigenden Pessimismus ablesen. Langsam konnte sie nicht mehr daran glauben, dass überhaupt noch irgendjemand auf uns am Zielbahnhof warten würde. Die Arzneimittel, welche sie die ganze Zeit ununterbrochen in sich rein schaufelte, um ihre physischen Schmerzen und die der Reise zu betäuben, wirkten längst wie Drogen. Tanja war die ganze Situation dermaßen über den Kopf gewachsen, dass sie in eine Art Depressionszustand verfiel und ich nur noch den Wunsch hatte, endlich unseren Bahnhof zu erreichen, bevor ich sie aus dem Zug werfen würde. Meine zahlreichen Versuche, sie zu überzeugen, dass alles gut werden würde, waren leider erfolglos. Kurz bevor ich während der Fahrt die Zugtür aufreißen wollte, ertönte durch den Lautsprecher die nette aber durchdringende Stimme, welche unseren als nächsten Bahnhof ansagte. Der Zug hielt und wir fielen buchstäblich aus dem Waggon auf den Bahnsteig hinaus. Mit der letzten Willens- und

Muskelkraft zerrten wir unser Hab und Gut über den Bahnsteig bis zum Bahnhofsgebäude. Und tatsächlich war das Glück auf unserer Seite. Wir wurden trotz der langen Verspätung erwartet, David – der Kirchenpfarrer stand im Bahnhofsgebäude und hielt ein Schild mit meinem Namen in die Höhe. In diesem Augenblick fühlte ich mich von einer Sekunde auf die nächste wie ein großer Staatsgast. Es war für mich das erste Mal, dass ich so persönlich abgeholt wurde. Es war unglaublich, wie so ein kleines Pappschild mit meinem Namen unsere Kräfte, welche noch vor ein paar Minuten fast ganz am Ende waren, wieder belebte. Wir krauchten nicht mehr, sondern flogen wie zwei Federn auf das Namensschild zu. Um genau zu sein, ich flog wie eine Feder und Tanja lief wie ein schwerer Stein irgendwo hinter mir.

Bis zu unserem Haus war es für uns nur noch ein Spaziergang, da wir uns in Davids Obhut begeben konnten, er uns sicher dorthin bringen und unser abenteuerreicher Tag somit ein gutes Ende nehmen würde. Wir näherten uns dem Schild und ich sagte:

„Ja, ja, ja, das sind wir. Wir sind leider etwas später angekommen, sind Ihnen aber unendlich dankbar, dass Sie auf uns gewartet haben. Alles ist gut. Alles ist gut."

Aber in der nächsten Sekunde stellte sich heraus - Nichts war gut.
Unser Haus wurde noch immer renoviert, sodass wir heute dort nicht einziehen konnten. Es wusste auch niemand so genau, wann es fertig gestellt sein würde. David hoffte, dass es in zwei Wochen soweit sei.
Aus diesem Grund fuhr uns David ins Haus von einer uns vollkommen unbekannten Frau, die Jo hieß. Während der Fahrt schauten Tanja und ich uns an und wir wussten, dass jede von uns denkt, wer weiß, was für eine Baracke da auf uns wartete. Als wir dort ankamen, stellten wir zu unserer Verwunderung fest, dass die Besitzerin selbst in der Zeit nicht zu Hause war und das unsere Baracke eine stattliche Villa mit Pool und großem Garten war. Was für ein Pech, das unser eigentliches Domizil noch nicht fertig renoviert war und wir hofften beide, dass dies auch noch länger als zwei Wochen so bleiben würde. Wie sich herausstellte, war Jo eine erfolgreiche Anwältin, die gerade ihren zweiwöchigen Urlaub machte. Als David sie darum gebeten hatte, war es für sie eine Selbstverständlichkeit gewesen, uns Wildfremden zu helfen.

Diese ersten zwei Wochen haben wir uns wie Prinzessinnen gefühlt und so uns unser gesamtes Auslandssemester vorstellen können. Tanja

sagte selbstverständlich ihr Zimmer im Studentenwohnheim ab. Dieser wunderschöne Traum endete nach zwei Wochen, da unser eigentliches Haus in einem Rekordtempo renoviert worden war und wir noch vor dem Semesteranfang dort einziehen konnten. Es war immer noch wesentlich schöner, als ich es mir vorher erträumt hatte, wäre da nicht diese atemberaubende Villa von Jo gewesen.
Im Augenblick hatten wir aber noch genug Zeit, um unsere Ferien bis zum Semesterbeginn in der Villa zu genießen.

August – September 2003

„Scheiße" sagt man nicht!

„Scheiße, Scheiße, Scheiße."
Sie fluchte wieder und wieder. Alles war falsch, alles nervte, es schien ihr, als würde ihr gesamtes Leben vollkommen aus der Bahn geraten. Niemand verstand sie.
Sie fühlte sich allein, mutterseelenallein, obwohl sie in einem Studentenwohnheim wohnte. Ihr Name war Mei. Vor neun Monaten kam sie aus Hubei - eine Provinz Chinas – nach Berlin zum Studieren. Ihr Traum war Ökonomin zu werden. In Zukunft würde sie gerne dem Wirtschaftsleben ihres Landes dienen und vielleicht nicht nur ihres.
Denn mit Anfang 20 möchte man seine Träume verwirklichen und niemand weiß ganz genau, wie sein Leben verlaufen wird. Das Wichtigste ist, genug Optimismus und Glaube an sich selbst zu besitzen. Die Träume sollen schließlich wahr werden.
In letzter Zeit gab es für Mei aber nur Pessimismus, fehlender Selbstglaube und ihre Träume wandelten sich in Alpträume.

„Scheiße."
„Mei, man darf „Scheiße" nicht laut aussprechen, auch wenn dir so sehr danach ist."

„Ja, aber was soll ich tun, wenn nur dies mir hilft?
„Dann schimpfe stumm."
„Das ist nicht das Gleiche und geht auch nicht."
„Dann kannst du es doch in deinem Zimmer machen. Du sollst das Wort aber bitte nicht allen Leuten ins Gesicht sagen. Sie können nichts für deine Launen."

Ich hoffe, ich hatte damals Recht mit meiner Aussage.
Oder waren wir doch selber alle Schuld? Schuld daran, dass wir den Menschen, welcher neben uns stand und schrie „Scheiße, Scheiße, Scheiße", nicht gehört und verstanden haben.

Schon neun Monate war Mei jetzt in Berlin. Das Ziel – die Wirtschaftswissenschaftliche Fakultät – war vor Augen, aber es war noch ein sehr langer Weg bis dorthin.
Denn zuerst musste Mei natürlich Deutsch lernen. Sie hätte sich allerdings niemals träumen lassen, dass dies ein so langer und auch steiniger Weg werden würde. Am heutigen Tag schien es für sie unmöglich, das notwendige Sprachniveau zu erreichen, welches ihr das Recht gab, an der Universität zu studieren.
Sie isolierte sich von ihren Landsleuten: Sie lenkten sie doch nur vom Lernen ab und au-

ßerdem konnte sie doch schon Chinesisch! Aber auch in dem Studentenwohnheim, wohin sie einige Monate nach ihrer Ankunft in Berlin zog, war sie leider mit keinem ihrer Mitbewohner auf derselben Wellenlänge.
Nicht mit den Deutschen, den Italienern, welche sich als Austauschstudenten auch im Wohnheim einquartierten, und nicht mit den Schweizern, welche ihr Praktikum in Berlin absolvierten, schaffte Mei es länger als einen Monat auszuhalten.
Ich war die einzige Ausnahme, da ich schon 1,5 Monate mit ihr zusammen war.
Ich lernte Mei im Studentenwohnheim kennen, wo ich während meines 2-monatigen Praktikums in der Hauptstadt residierte.
Der Anfang unserer Bekanntschaft schien die Grundlage für eine langfristige Freundschaft, vielleicht sogar für das ganze Leben.
Einerseits verband uns viel und andererseits ergänzten wir einander. Sie wurde zu meinem Stadtführer und zeigte mir sowohl die Touristenpflichtplätze dieser genialen Stadt, kannte aber auch die nur den waschechten Berlinern bekannten Plätze. Mein Job war, ihr Blindenführer in diesem Labyrinth der Fremde zu sein, da ich zum jetzigen Zeitpunkt im Vergleich zu ihr ein alter Hase war, der nicht nur in einer fremden Gesellschaft überleben konnte, sondern auch von dieser anerkannt wurde. Zwar

konnte ich nicht gerade behaupten, dass mein Eingliederungsprozess schmerzfrei war, aber er gehörte bereits der Vergangenheit an. Und so gab ich als alter Profi, meine Ratschläge, wie man sich am besten in eine neue Gesellschaft integriert an einen totalen Anfänger weiter.
„Mei, es ist sehr wichtig, mehr mit den Leuten zu kommunizieren."
„Sie lenken mich aber vom Lernen ab."
„Aber du lernst doch nicht 24 Stunden am Tag."
„Doch, das tue ich."
„Aha, und wann erholst du dich?"
„Du verstehst mich eben auch nicht - Scheiße. Scheiße, ich habe vier Stunden Schule, danach muss ich meine Hausaufgaben machen, z.B. einen ganzen Artikel aus der „Süddeutschen Zeitung" lesen und neue Vokabeln pauken und überhaupt - Scheiße."
„Oh, ihr lest schon solche anspruchsvollen Zeitungen?
„Nein, ich mache es selber."
„Ist das aber nicht etwas zu kompliziert für dich?"
„Ist es – Scheiße."
„Mei, du brauchst aber ab und zumal einen Tapetenwechsel, Kontakte zu anderen Menschen. Durch Kommunikation lernst du die Sprache auch und wesentlich leichter."

„Deutsche verstehen mich nicht - Scheiße."
„Ja, aber es gibt hier so viele Ausländer, die selber noch Deutsch lernen. Sie sprechen langsamer und korrigieren deine Fehler nicht."
„Ja, genau - Scheiße. Sie sollen aber korrigieren! Sonst lerne ich diese Sprache niemals."
„Doch, das wirst du schon. Schließlich kannst du eins der wichtigsten Worte schon. Du musst verstehen, dass es am Anfang wichtig ist, deine eigene Angst zu überwinden. Dafür sind drei Dinge sehr wichtig: Sprechen, sprechen und nochmals sprechen. Dann wirst du es schon selber merken. Es kommt der Moment, in welchem die Grammatik anfängt, automatisch ihre Rolle zu spielen und alles seinen Platz findet."
„Verpiss dich bloß mit deinen tollen Vorschlägen! Scheiße."
„Du sollst dieses Wort nicht so oft benutzen, es tut einem weh."
„Ich muss jetzt lernen."
„Dann lerne."

Solche Gespräche zwischen uns fanden in regelmäßigen Abständen statt. Und trotz der Tatsache, dass Mei immer öfter die erlaubte Grenze überschritt, verzieh ich ihr in den meisten Fällen. Wahrscheinlich sah ich in ihr mich selbst vor drei Jahren. Auch ich hatte damals hohe Ziele, Träume und meine Gedanken, mit

welchen Anstrengungen sich diese verwirklichen lassen. Schnell stellte sich heraus, dass diese mit der harten Realität gar nichts gemein hatten, was mich auch vollkommen unvorbereitet traf. Auch mich ließ die Realität von Zeit zu Zeit so tief in der Scheiße versinken, dass ich mich nicht mehr bewegen wollte. Dann dachte ich mir immer, wie schön es wäre, einfach alles hinter sich zu lassen und zusammen mit der ganzen Scheiße unterzugehen. Aber jedes Mal, wenn ich dachte, jetzt kann ich nicht mehr weiter, zwang mich etwas in mir aus dieser Scheiße wieder raus zu schwimmen. Vielleicht lag es an meiner restlichen Selbstliebe, meinem trotzdem immer vorhandenen Ehrgeiz und an meinen Plänen und Träumen, welche ich nie aufgeben wollte oder an allem zusammen. Dennoch fühlte ich mich nach jedem neuen Kampf wesentlich besser und selbstbewusster. Ich lebte noch und atmete.
Auch Mei kämpfte oft diesen Kampf und versuchte ihren Platz in dieser fremden Gesellschaft zu finden. Am Ende verlor sie ihn.

Alles passierte schnell und unerwartet. Eines Morgens fand man Mei auf der Treppe des Studentenwohnheims sitzend. Sie war vollkommen nackt und merkte scheinbar nicht, dass es sehr kalt war, was alle, die vorbeikamen und sie ansprachen, sehr wohl an ihrem sehr zarten und hübsch anzusehenden Körper ablesen konnten. Sie verstand nicht, wer sie war und wo sie war. Die gerufenen Notärzte hüllten sie in eine wärmende Decke und nahmen sie mit.

Zu diesem Zeitpunkt war ich schon nicht mehr in Berlin. Mein Praktikum war kurz vorher beendet. Von Mei verabschiedete ich mich nicht, da unser letztes Gespräch fast nur aus einem Wort bestand. Meine Geduld platzte.

Niemand wusste ganz genau, was wirklich an diesem Morgen mit Mei passierte. Die meisten Praktikanten und Austauschstudenten, die sie kannten, waren in der Zeit schon abgereist und viele neue Leute sind ins Studentenwohnheim eingezogen. Sie waren anscheinend nicht so tolerant zu dem Wort „Scheiße“ und sie wurde mehrmals zurechtgewiesen. Vielleicht wollte sie sich auf der Party am Abend zuvor amüsieren, die ganze Scheiße hinter sich lassen, die sich bei ihr angesammelt hatte. Bis heute weiß ich es nicht. Über den Vorfall mit Mei erfuhr ich über einen Bekannten, welcher gleichzeitig mit mir sein Praktikum in Berlin absolvierte. Er hatte noch intensiven Kontakt mit Alteingesessenen des Wohnheims. Die nachfolgenden fünf Monate verbrachte Mei in einem Irrenhaus.

... ca. 6 Monate später antwortete Mei sehr schnell auf meine E-Mail und schrieb, dass bei ihr wieder alles in Ordnung war. Sie war schon seit drei Monaten wieder in China. Ihr Vater holte sie aus Berlin ab, als sie aus dem Irrenhaus entlassen wurde. Im Herbst würde sie ihr Studium in China anfangen und Germanistik studieren, da sie später unbedingt Deutschlehrerin sein wollte. Sie wusste sogar schon das Thema ihrer ersten Unterrichtsstunde: „Die Bedeutung und Anwendung des Wortes „Scheiße".
Sie schrieb mir weiter, dass sie gerne ein Buch über ihren Aufenthalt in Deutschland schreiben möchte. Es solle eine Art Ratgeberbuch werden, für alle, die ihr Glück in einem fremden Land versuchen möchten. Das Wort „Scheiße" benutzte Mei nur noch ab und zu und nur noch für sich selbst und ohne dass es jemand anderes hören konnte.

... 10 Jahre später brachte das Schicksal mich wieder nach Berlin. Da einer meiner Termine aus meinem engen Zeitplan ausfiel, entschloss ich mich wieder die Plätze zu besuchen, welche mir Mei damals zeigte. Dabei erinnerte ich mich an die Zeit mit ihr und an sie selbst und plötzlich tauchte ihr Gesicht vor meinen Augen auf. Ich war scheinbar sehr tief in meinen Erinnerungen versunken, aber irgendetwas stimmte nicht. Meine Augen waren weit geöffnet und plötzlich blitzte es in mir auf: Mei stand wirklich vor mir. Sehr leise und stotternd fragte ich …

„Mei?“

„Maria, bist du es wirklich?“

„Ja.“

Wir gingen ins nächste Café. Es stellte sich heraus, dass Mei genau wie ich geschäftlich in Berlin war. Sie führte erfolgreich seit fünf Jahren ein Consulting Unternehmen in China und kam hierher, um organisatorische Fragen zu klären, welche mit der Eröffnung einer Niederlassung ihrer Firma in der Hauptstadt Deutschlands verbunden waren. Die Hauptrichtung ihres Business war interkulturelle Kommunikation.

Ihr erster Traum – die aktive Teilnahme am Wirtschaftsleben Chinas und nicht nur dieses Landes – hatte sich erfüllt.

Der zweite auch: bei sich zu Hause lehrt Mei nicht nur die deutsche Sprache, sondern auch die deutsche Kultur.

Das Ziel der Berliner Niederlassung – die Vorbereitung deutscher Studenten und Geschäftsleuten zum Treffen mit einer der ältesten Kulturen der Welt. Mei ist zu einer symbolischen Brücke geworden, welche zwei so verschiedene Welten verbindet.

Und diese sind nun ihr zu Hause.

Oktober 2003

Polizeitaxi

Paris sehen und sterben.
I. Ehrenburg

Mein Papa und ich wollten einfach nur Paris sehen und wären dort beinahe gestorben.
Dabei fing alles so schön an: dorthin fuhren wir mit dem Bus. Die Abreise aus Kassel war um 23:00 Uhr und am nächsten Morgen waren wir schon um 07:00 Uhr dort. In nur einer Nacht waren wir in Paris - sehr bequem und sehr günstig. Gleich nach der Ankunft brachten wir unsere Sachen im Hotel unter. Der erste Tag war zur freien Vergnügung. Für uns eine tolle Gelegenheit, die eigenen Pläne in die Tat umzusetzen.
Als erstes wollten wir ins Zentrum dieser wundervollen Stadt fahren, um uns mit den berühmten Sehenswürdigkeiten vertraut zu machen.
Danach sollte ein ausgiebiger Bummel an der Seine stattfinden, welcher in einem der berühmten Cafés enden sollte.
Zum Schluss würden wir Paris bei Nacht erkunden und uns von den vielen Lichtern der Straßen leiten lassen.

Voller Euphorie und Vorfreude verließen wir unser Hotel. Den Namen hatten wir natürlich auswendig gelernt, dennoch merkten wir uns noch die Umgebung, um sich später besser orientieren zu können. Uns fiel besonders ein Lastkraftwagen auf, der auf der gegenüberliegenden Straßenseite parkte. Er brannte sich mit seiner auffälligen Bemalung förmlich in unser Gedächtnis ein. Einen LKW mit extravagant bemalten Frauen hatte selbst mein Papa noch nie gesehen und würde uns sicher als Orientierungspunkt den Weg zurück ins Hotel weisen.

Es war Freitag und Paris sollte uns nun begrüßen.

Und Paris begrüßte uns … mit seinem Lärm der unendlichen Autokaravane, der endlosen Schlange von Touristen, den unzähligen Cafés, Künstlern und Obdachlosen. Für die Zeit unseres Besuches sollten wir ein Teil von ihnen werden.

Den ganzen Tag waren wir auf den Beinen und hatten so viel gesehen und zahlreiche Orte besucht. Ein Tag mit unzähligen Eindrücken neigte sich dem Ende zu. Abends gegen 23:00 Uhr entschlossen wir uns, uns auf den Weg zum Hotel zu machen, der morgige Tag sollte auch viel Neues bringen. Mit der Metro fuhren wir bis zu unserer Station. Von dort waren es bis zu unserem Hotel ca. 8-10 Minuten zu Fuß. Ohne weiter nachzudenken liefen wir los, schließlich konnten wir uns an den Weg gut erinnern. Hier war die bekanntc Straße, es blieben noch ein paar hundert Meter bis zu unserem Ziel. Alles kam uns bekannt vor, dennoch packte uns ein ungutes Gefühl: Der bemalte LKW, unser wichtigstes Orientierungszeichen, wir konnten ihn nicht sehen. Er war nicht da, wo er hätte stehen sollen. Aber das machte uns doch nichts aus: wir bräuchten doch nur die Straße runter laufen und dort stünde dann schon unser Hotel. Sollte stehen, tat es aber nicht!

Unser unangenehmes Gefühl verwandelte sich langsam in Panik, bis diese die vollkommene Kontrolle über uns übernahm. Die Tatsache, dass es nur noch 50 Meter bis zu unserem Hotel waren, realisierten wir nicht mehr. Wir liefen vollkommen hilflos zurück zur Metro Station. Vielleicht nahmen wir von Anfang an die falsche Richtung? Wir schauten uns noch mal um, kamen aber zu dem Schluss, dass es doch der richtige Weg sein müsse. Was sollten wir nun tun? Denselben Weg noch einmal laufen? Plötzlich sprachen uns zwei Männer arabischer Herkunft an. Sie fanden es wahrscheinlich etwas verdächtig, dass wir um Mitternacht neben der Metro Station hilflos flanierten. Sehr

vorsichtig erkundigten sie sich, ob wir vielleicht Hilfe benötigten.
Natürlich war Hilfe nötig; und zwar sehr!
Wo gab es schon so etwas, dass ein Hotel einfach verschwand?
Sie schlugen uns vor, uns bis zu einer Polizeistation zu begleiten, welche hier in der Nähe war. Wir stimmten zu und nahmen die rettenden Hände dankend an. Und so standen wir, die armen Touristen aus Deutschland mit russischen Wurzeln, kurze Zeit später vor der Tür einer französischen Polizeistation. Da die Tür verschlossen war, klingelte ich. Die Tür wurde uns nicht gleich geöffnet. Durch die Sprechanlage wurden wir gefragt, was wir denn wollten. Auf Englisch erklärte ich, dass wir Touristen aus Deutschland und verloren gegangen sind. Die Tür wurde geöffnet und wir gingen in das Gebäude. Da ich sagte, dass wir aus Deutschland waren, wurde uns von einem Polizisten im gebrochenen Englisch mitgeteilt, dass es hier einen Polizisten gibt, welcher Deutsch spreche. Er würde sofort zu uns kommen. Wir waren heil froh: Wir konnten doch gar kein Französisch.
Der deutsch sprechende französische Polizist, unser Retter, kam nach einer unendlich langen Zeit endlich durch die Tür. Wir waren in einer Stresssituation und wollten so schnell wie

möglich da raus. Deswegen begann ich sofort unsere derzeitige Lage zu beschreiben.
In einer normalen Situation rede ich für viele Menschen schon unheimlich schnell, aber jetzt sprudelte es nur so aus mir heraus…
„Nein, nein, nein“, war die Reaktion des Polizisten, wieder in Englisch. Ich spreche kein Deutsch.
Oje … Wir hatten uns zu früh gefreut.
In der Zwischenzeit kam noch ein zweiter Polizist zu uns: Hugo. Er war derjenige, auf den wir warteten.

Hastig erklärte ich ihm unsere Lage, nannte ihm den Namen unseres Hotels und das dies spurlos verschwunden sei.
Hugo hörte mir ruhig bis zum Ende zu und sagte anschließend mit einem kleinen Lächeln zu mir, dass das Hotel in höchstens 100 Metern Entfernung von der Polizeistation liegen würde. Wir müssten nur wieder raus auf die Straße, erst mal nach links abbiegen und danach nach rechts und wären so buchstäblich in ein paar Minuten dort. Ich antwortete, dass uns diese Variante nicht weiterhelfe. Er wollte mich beruhigen, erklärte mir die Strecke noch einmal und zeichnete dabei den Weg sehr präzise auf einen Stadtplan von Paris. 2003 war das Benutzen traditioneller Papierkarten noch

selbstverständlich und Smartphones mit Navigationssystemen noch nicht Standard.
Der Weg bis zum Hotel war wirklich sehr kurz und wir waren vorher wirklich auf dem richtigen Weg. Trotzdem beharrte ich auf meinem Wunsch, dass Hugo uns bis zum Hotel begleiten sollte. Ich verstand natürlich, dass es zu Fuß nur ein Katzensprung war, dennoch machte die Angst in mir ihre Arbeit und flüsterte mir ununterbrochen ins Ohr:
„Das schafft ihr nicht, das schafft ihr nicht."
Höchstwahrscheinlich verhielt ich mich in den Augen der Polizisten nicht sehr rational. Das war mir aber so was von egal.
Gleichzeitig mit meiner Angst wurde ich immer mehr von der Neugier zerfressen: Woher konnte Hugo so gut Deutsch? Und trotz der Tatsache, dass wir noch in einer instabilen Lage waren - es war doch immer noch nicht klar, wie wir das Hotel erreichen würden – siegte dennoch die Neugier.
„Hugo, warum sprechen Sie so gut Deutsch?"
„Wissen Sie, während meines Studiums war ich in Stuttgart als Austauschstudent. Ich habe Germanistik studiert."
„Ah, dann ist alles klar."
„Wie sind sie beide nach Deutschland gekommen?"

„Oh, das ist eine sehr lange Geschichte, aber kurz gesagt. Ich studiere und mein Papa kam mich besuchen."
„Und ursprünglich, woher kommen sie?"
„Aus Sibirien."
„Ist es dort nicht immer sehr, sehr kalt?"
Unser Gespräch dauerte noch ca. 15-20 Minuten. Ich wusste nicht, was die entscheidende Rolle spielte: unsere Hartnäckigkeit, unsere Hilflosigkeit, das Interesse an uns? Vielleicht war es alles zusammen. Zum Schluss entschloss sich Hugo jedenfalls, uns persönlich ins Hotel zu bringen.

Als wir mit Hugo aus der Polizeistation traten, standen dort drei weitere, bis an die Zähne bewaffnete Polizeibeamte. Sie waren unsere Eskorte und kurz darauf saßen mein Vater und ich wie ein Häufchen Elend zwischen zwei Polizisten auf der Rückbank des Streifenwagens und fuhren los.
Selbst heute noch, nach so vielen Jahren, sterbe ich fast, wenn ich mich an diesen Moment erinnere.
Diese unterschiedlichen Waffen – Pistolen im Halfter, Maschinenpistolen vor der Brust und Schlagstöcke in der Hand! Und dazwischen wir…
Wir fingen an, uns selbst wie Verbrecher zu fühlen. Gott sei Dank, verflog dieses Gefühl

ziemlich schnell; mit dem Auto dauerte die Fahrt zum Hotel wirklich nur zwei Minuten. Als wir ausstiegen, waren wir halbtot von den Erlebnissen der letzten Stunden. Wir bedankten uns bei Hugo und seinen Kollegen, die daraufhin mit Sirene und Blaulicht davonrasten.
Wir gingen ins Hotel und wurden etwas merkwürdig angeschaut.
Vielleicht ist es in Frankreich üblich, dass deutsche Touristen aus Russland mit einem „Polizeitaxi“ ins Hotel gebracht werden?

Februar 2004

Spanische Sprache

Muss man Spanisch können, um einen Franzosen kennenzulernen?

Hmm, sehr komische, aber interessante Frage ...
So weit ich weiß, gibt es einige Gründe, um Spanisch zu lernen. Wenn ich mich fragen würde: Wozu brauche ich Spanisch, fallen mir spontan folgende Antworten ein.

- Die spanische Sprache ist nicht so schwer, vor allem die Grammatik, da quält man sich wesentlich weniger, als bei den anderen, z.B.: Deutsch oder Französisch. Vor allem, wenn man gerade kein Sprachgenie ist.
- Man kann in vielen Urlaubsländern mit seinen Kenntnissen angeben: tut der Seele und vor allem dem Ego gut.
- Spanisch kann auch als Karrieresprungbrett angesehen werden, besonders wenn eine solche Kombination vorhanden ist: Russisch – Muttersprache, Deutsch und Englisch – fließend in Wort und Schrift und Spanisch auch auf einem hohen Niveau – das Auslandssemester in Spanien half dabei sehr.

Die Liste lässt sich natürlich fast endlos verlängern.
Also, wozu braucht man Spanisch? Diese Frage stellte Lena an sich selbst schon zwei Jahre lang – die Zeit, die sie sich schon dieser Sprache widmete. Die oben genannten Antworten waren ihr alle sehr wohl bekannt, dennoch tauchte die Frage in regelmäßigen Abständen immer wieder auf. So war es auch heute. Wer hätte sich denken können, dass in weniger als zwei Monaten das Leben selbst ihr die Antwort auf diese Frage geben sollte.
Die Zeit näherte sich wieder einmal dem Jahreswechsel – ein heiliges Fest für alle, die aus der ehemaligen Sowjetunion stammen. Freunde sind die beste Alternative für die nicht anwesende Familie, um dieses Fest zu feiern. Die Entscheidung, dass Lena, zwei Freundinnen und ich Silvester in Paris verbringen, kam sehr spontan. Eines Tages saßen wir alle zusammen und führten Gespräche über Gott und die Welt. Das Ergebnis dieser Gespräche war die Idee, eine Reise in die Stadt der Liebe für drei Tage zu unternehmen. Drei Tage, welche das Leben von Lena radikal verändern und ihr die quälende Frage beantworten würde.

Wozu braucht man Spanisch?

Der Besuch der französischen Hauptstadt war standesgemäß, mit Besichtigung des Louvre, des Arc de Triumphe und zum Abschluss natürlich dem Erklimmen des Eiffelturmes.
Ganz oben auf dem Turm geschah das große Glück: Lena lernte einen Franzosen kennen.
Hier wäre die Geschichte eigentlich beendet. Aber erinnern wir uns daran, welche Sprachen Lena zu diesem Zeitpunkt konnte: Russisch, Deutsch, Englisch und Spanisch. Kein Französisch!
Über Franzosen selbst würde ich an dieser Stelle gerne von Stereotypen Abstand nehmen, trotz des Stolzes auf ihre Muttersprache. Sie beherrschen selbstverständlich auch Fremdsprachen. In Lenas Fall konnte ihr neuer Bekannter kein Russisch, kein Englisch und kein Deutsch.
Dafür konnte er aber Spanisch!
Das war die Antwort auf die immer wiederkehrende Frage von Lena.
Die spanische Sprache verband die Russin und den Franzosen, nur durch sie war ein Kennenlernen der beiden überhaupt möglich und konnte so die Grundlage ihrer Beziehung legen.

Pascal, der Spanisch sprechende Franzose, war auch Student. Es blieb ihm noch ein Jahr bis zu seinem Abschluss. Dieses Jahr pendelten

die beiden zwischen zwei Ländern und schlossen jeweils ihr Studium mit Erfolg ab.
Diese Geschichte hat ein Ende wie in einem Märchen: ein Jahr später heirateten Lena und Pascal und bekamen wiederum ein Jahr später einen Sohn.
Mit ihrem Sohn spricht Lena Russisch, mit ihrem Ehemann: Spanisch.

Also Mädels, wollt ihr einen Franzosen kennenlernen, versucht Spanisch zu lernen!

Juni 2005

Lilli

Es war so angenehm, sich im Bett zu aalen und dabei richtig zu faulenzen. Besonders heute. Es war Feiertag, so brauchte ich mich nicht zu hetzen. Ich konnte so lange wie ich wollte im Bett liegen bleiben. Obwohl es noch sehr früh war, war ich komischerweise schon ziemlich munter.
Meine Stimmung war sehr feierlich, das Wetter auch: Die Sonne begrüßte mich mit ihrem strahlenden Lächeln. Es war sehr warm. Es war alles super.
Da es Feiertag war, sind meine Mitbewohner – auch Studenten – gestern alle nach Hause gefahren. Morgen ist Freitag und wir hatten keine Vorlesungen. Also, langes Wochenende. Das hieß, dass die Wohnung für komplette drei Tage nur mir gehörte. Da ich zu Hause allein war, war die Tür von meinem Zimmer geöffnet und nicht zu, wie es normalerweise der Fall war. Ich lag immer noch im Bett, meine Augen waren zu und ich war in meine rosigen Pläne vertieft. Durch die geöffnete Tür zog ein sehr angenehmer Luftzug. Plötzlich unterbrach irgendein fremdes Geräusch meine Träume. Ich öffnete langsam meine Augen und, oh Gott: Eine Ratte! Eine sehr große, rote und

eklige Ratte! Ihr Schwanz war mindestens einen halben Meter lang.
Ich schrie aus vollem Hals und trotzdem war der Schrei nicht besonders laut. Es war aber laut genug für die Ratte, da sie mein Zimmer mit Lichtgeschwindigkeit durchquerte, um sich irgendwo in der Küche zu verstecken.
Ich – fast mit derselben Geschwindigkeit - sprang ebenfalls auf, rannte zur Küche und schloss die Tür zu. Drei mal probierte ich die Klinke zu drücken, damit die Tür auch wirklich verschlossen war.
Die Ratte war jetzt in der Küche, was bedeutete, dass mein heutiges Frühstück ausfallen würde. Ich hielt mein Ohr so nah wie möglich an die verschlossene Tür und lauschte den Geräuschen in der Küche. Dort herrschte eisige Stille. Vielleicht gab es doch keine Ratte und ich hatte alles nur geträumt? Nein, nein, ich hatte sie doch ganz deutlich in meinem Schlafzimmer gesehen. Die Stille in der Küche wurde in diesem Augenblick unterbrochen: Leise Kratzgeräusche bestätigten die Existenz des nicht geladenen Gastes. Daraufhin kehrte ich in mein Zimmer zurück.
Es war Zeit sich die weiteren Schritte gründlich zu überlegen, da die derzeitige Situation ganz und gar nicht trivial war. Es klettern doch nicht jeden Tag Ratten durch die Wand in eine Wohnung. Also inspizierte ich den Ort, aus

welchem mein „Gast“ in mein Zimmer gekommen war. Dieser war mir sehr gut bekannt: Die Sockelleiste dort entfernte sich schon immer von der Wand. Durch den sich dabei entstehenden Spalt zwischen Wand und Leiste ist die Ratte in mein Zimmer gekommen. Aber woher kam sie grundsätzlich?
Die Tatsache, dass ich mich im Augenblick alleine zu Hause befand, passte mir nun gar nicht mehr. Außerdem war es noch sehr früh, nicht mal sieben Uhr. Was sollte ich den ganzen restlichen Tag tun? Bei dem Gedanken gewann langsam Panik die Überhand über mich. Es war noch viel zu früh, ich würde alle anderen Leute wecken. Ich wollte noch etwa eine halbe Stunde abwarten: In der Zeit könnte ich meinen Vater anrufen. Er müsste zu diesem Zeitpunkt schon zu Hause beim Mittagessen sitzen. Gott sei Dank, wir hatten sechs Stunden Zeitverschiebung miteinander, da wir ja in verschiedenen Ländern lebten.
Ich rief ihn an und erläuterte ihm meine derzeitige, sehr bedrohliche Lage. Aber anstatt mich zu beruhigen, machte er zur Lösung meines Problems folgenden Vorschlag: Ich sollte mir zwei Rattenfallen kaufen und eine davon in die Küche auf den Boden stellen. In diese Rattenfalle sollte ich Käse mit zerkleinerten Glasscherben legen. Nachdem die Ratte diesen

Käse gekostet hat, würde sie bestimmt nicht mehr in der Lage sein, sich zu bewegen.
Blieb nur noch die Frage, wozu ich die zweite Falle brauche. Die Antwort meines Vaters war folgende, welche ich wörtlich wiedergeben muss:
„Maria, nehme die zweite Falle, lege dort auch ein Stück Käse zusammen mit Glasscherben gemischt hinein und gehe in den Keller. Ihr habt doch einen?“
„Ja, haben wir.“
„Na, also, „deine“ Ratte ist ganz sicher nicht alleinstehend und hat 100%ig ein Nest. Das musst du suchen und die Rattenfalle dort platzieren. Danach wird dich keine weitere Ratte aus der Familie mehr morgens besuchen.“
Scheinbar dauerte eine Reaktion meinerseits zu lange.
„Maria, wieso schweigst du?“
„Ich denke, solche Abenteuer brauche ich nicht. Mir reicht schon die eine Ratte in meiner Wohnung.“
„Ja, aber falls sie zu viele sind, kommen die anderen über denselben Weg auch zu dir.“
„Nein, kommen sie nicht. Und ich werde selbst dafür sorgen.“
„Wie willst du das anstellen?“
„Ich warte jetzt ab, bis es neun Uhr wird und werde dann mit dem Hausmeister reden. Vor-

her rufe ich meine beste Freundin Tanja an. Die sollte jetzt schon wach sein."
„Wie du meinst."
„Ich erzähle dir dann später, wie die Geschichte endete."
„Na, gut."

Also rief ich jetzt Tanja an. Sie war eine meiner Mitbewohnerin. Ihre Mutter hatte einen Bauernhof, deswegen war auch sie immer sehr früh auf den Beinen. Ich hatte Glück: den Hörer nahm Tanja persönlich ab.
„Wir haben hier zu Hause eine Ratte! Sprudelte es sogleich aus mir raus."
„Welche Ratte?"
„Eine sehr große, rote, mit einem langen, langen Schwanz!"
„Ah, rot. Dann ist es eine Zuchtratte."
„Das weiß ich nicht so genau, und es ist mir auch egal. Sie kam in meinem Zimmer an der Wand hoch und kroch danach durch das Loch zwischen Wand und Sockelleiste durch."
„Sie ist bestimmt von irgendwelchen Nachbarn weggelaufen."
„Mag sein, ist mir aber trotzdem egal."
„Und wo ist sie jetzt?"
„In der Küche. Ich habe dort die Tür zu geschlossen. Sie macht ab und zu Geräusche."
„Ah ja, ich denke, sie hat Hunger."
„Den habe ich auch."

„Dann geh doch und iss etwas."
„Du, ich habe nicht nur Angst zur Küche zu gehen, sondern noch viel mehr dort die Tür einen Spalt zu öffnen. Ich habe sowieso vor zum Hausmeister zu gehen. Er soll sie fangen."
„Oh, das ist eine gute Idee. Ich würde mir sie so gerne anschauen."
„Vielen Dank! Soll das heißen, dass ich drei Tage mit einer Ratte unter einem Dach wohnen soll?"
„Das ist doch nur eine Zuchtratte."
„Das ist mir aber egal. Außerdem wissen wir das gar nicht so genau."
„Dann wünsche ich dir noch viel Glück mit deiner Ratte."

Viel geholfen hat mir das Gespräch auch nicht. Ich war immer noch total angespannt. Bis neun Uhr war noch eine halbe Stunde Zeit. Was sollte ich so lange nur tun, was sollte ich tun? Ich hoffte, meinen ungeladenen Gast heute wieder los zu werden.

Hurra, endlich war es 8:55 Uhr und ich ging zum Hausmeister. Zum Glück wohnten er und seine Frau im Haus nebenan. Das Wichtigste war jetzt, dass sie auch zu Hause waren. Schließlich ist heute Feiertag.
Hurra, sie waren da.

Total verwirrt erklärte ich den beiden meine derzeitige Situation. Man konnte mich und meine Aufregung doch verstehen. Ich hatte aber das Gefühl, dass nicht nur der Hausmeister, sondern auch seine Frau, meinen Erzählungen nicht besonders viel Glauben schenkten. Und in meinem Versuch sie davon zu überzeugen, dass ich wirklich die pure Wahrheit erzählte und den beiden keinen Bären aufbinden wollte, regte ich mich noch mehr auf und wurde noch emotionaler. Ich beantwortete ihre zahlreichen Fragen.
Und nach einer halben Ewigkeit schien das Misstrauen von ihren Gesichtern zu verschwinden. Oder versuchten sie nur, mich zu beruhigen?
„Morgen kaufen wir eine Rattenfalle.“
„Oh, vielen, vielen Dank.“
Gott sei Dank, morgen war Freitag, ein normaler Arbeitstag und alle Geschäfte waren offen. Allerdings musste ich nun den heutigen Tag und die Nacht hinter mich bringen, zusammen mit der Ratte.

Der Tag half mir dabei, denn das Wetter war so schön. So konnte ich mich den ganzen Tag außerhalb der Wohnung aufhalten. Genau dies tat ich auch. Nach einem sehr, sehr langen Spaziergang kam ich dann aber doch irgendwann wieder nach Hause. Auf Zehenspitzen

schlich ich mich zur Küchentür. Dahinter herrschte Totenstille. Anscheinend lauschte meine neue Mitbewohnerin auf der anderen Seite der Tür auch. Oder vielleicht schlief sie nur?
Wie hieß es doch gleich noch mal: Ratten jagen nur nachts?
Um besser nicht dran zu denken, ging ich lieber gleich schlafen.

Heute war schon der zweite Morgen mit meiner neuen „Nachbarin“. Und obwohl die Sonne genauso fröhlich wie gestern schien, war das mir mittlerweile ziemlich egal.
Heute Morgen öffnete ich die Küchentür einen Spaltbreit und träumte augenblicklich davon einen Roboter-Spion zu besitzen. Den hätte ich jetzt in die Küche geschickt und er hätte alles für mich untersuchen können. Aber wie hieß es so schön:
„Hätte der Hund nicht gesch…, hätte er den Hasen gehabt“.
Aus diesem Grund spielte ich selbst den Spion und untersuchte das Territorium, welches vom Feind erobert wurde. Der Feind war aber zunächst nicht zu sehen. Bestimmt versteckte sie sich. Sie weiß doch ganz genau, dass sie sich auf feindlichem Territorium befand und wartete wahrscheinlich ab, bis ich kapitulieren wür-

de. Deswegen kochte ich mir meinen Kaffee und machte so viel Krach, wie es nur ging. „Ich habe keine Angst vor dir!“ Dennoch hielt ich es für klüger, meinen Kaffee in meinem Zimmer zu trinken, legte aber vorher ein kleines Käsestück auf dem Fußboden.

Der Kaffee war ausgetrunken und es war Zeit, sich für die Arbeit fertig zu machen. Was für ein Glück, dass ich heute nicht zu Hause bleiben musste. Als ich auf die Arbeit kam, erzählte ich natürlich sofort über mein Erlebnis des vergangenen Tages. Erstaunt stellte ich fest, dass mir niemand glaubte. Es stimmt, so eine Geschichte ist auch schwer zu glauben. Dafür kamen ununterbrochen Kommentare über den so langen Schwanz.
Als mein Arbeitstag zu Ende ging, fuhr ich nach Hause und überlegte die ganze Zeit, was wohl mit der Ratte passiert ist, nachdem sie in die Falle getappt war? Die Falle hatte doch der Hausmeister heute früh ausgelegt, bevor ich zur Arbeit ging. Vielleicht war mein Feind schon in Gefangenschaft?

Ich war zu Hause und machte sogleich die Küchentür etwas auf und hörte wie Lilli – so hatte ich meinen ungebetenen Gast mittlerweile getauft – vor mir wegrannte und sich hinter dem Kühlschrank versteckte. Die Falle stand –

Angst einflößend – genau in der gegenüberliegenden Küchenecke.
Und, auch wenn das etwas seltsam klingen mag, war ich erleichtert, dass Lilli immer noch ihre Freiheit genießen konnte. Die Küchentür verschloss ich trotzdem wieder sehr fest.

Als ich aufwachte, begann schon der dritte Morgen zusammen mit Lilli. Dasselbe Ritual mit der Küchentür: Lilli flüchtete vor mir, ich kochte mir Kaffe, ließ ein kleines Käsestück für sie auf dem Boden zurück und frühstückte bei mir im Zimmer.
Ich bemerkte, dass ich fast die ganze Zeit an den Gast in der Küche dachte. An die Ratte, an Lilli. Vielleicht sollten wir Freundinnen werden? Von dieser Idee verabschiede ich mich allerdings gleich wieder. Nach dem Schock, welchen wir beide vor zwei Tagen erlebten, würde das kaum funktionieren. Außerdem, ein Tier zu Hause bei mir? Niemals. Das brauchte ich nicht. Lilli sollte an ihren alten Besitzer zurückgegeben werden. Ich hoffte, dass es genau so passieren würde.

Ich denke, Lilli war entweder zu hungrig oder zu neugierig, oder beides. Auf jeden Fall befand sie sich am Ende des dritten Tages unserer Odyssee in der Rattenfalle. Der Hausmeister und seine Frau brachten sie kurz danach weg. Außer mir waren sie die einzigen Personen, welche Lilli zu Gesicht bekommen haben. Noch heute denke ich von Zeit zu Zeit an Lilli.

August 2006 – Januar 2009

Russischunterricht

Heute war mein Tag. Alles lief wie geschmiert. Sämtliche meiner für heute vorgenommenen Pläne habe ich erledigt, einen Nebenjob an der Uni hatte ich fast in der Tasche und es gab noch eine kolossale Neuigkeit: Ein Nachhilfelehrer für Russisch wurde gesucht. Ich konnte mich nicht daran erinnern, jemals einen solch tollen Tag erlebt zu haben und jetzt auch noch mit meiner Muttersprache Geld zu verdienen. Die Nachricht teilte mir Katja mit, eine meiner russischen Kommilitoninnen. Die Anzeige wurde im gesamten Uni Campus ausgehängt und Katja sah diese ganz zufällig. Sie selbst hätte diese Leistungen gerne selber angeboten, aber sie sollte für ein Jahr nach Spanien, um dort Spanisch als Austauschstudentin zu lernen. Glück muss ich doch auch mal haben, dachte ich nur. Die Bezahlung war mit 15€ pro Stunde auch weit ausreichend. Der Unterricht sollte mindestens zweimal die Woche stattfinden. Man soll zwar das Fell des Bären nicht verkaufen, bevor man ihn erlegt hat, aber mit diesem Job wäre mein Zimmer in der WG bezahlt.

Mit Katja traf ich mich in der Unibibliothek. Wie üblich waren alltägliche Themen unseres

Unilebens und den anstehenden Prüfungen unser Gesprächsthema, gespickt mit den neuesten Geschichten über Katjas Lover und heute mit dieser Anzeige verfeinert. Katja redete auf mich ein, dass ich unbedingt auf die Annonce reagieren und die angegebene Nummer anrufen sollte. Ich war noch nicht endgültig entschlossen, mich in diese Affäre zu stürzen. Wie alle Dinge hatte auch diese Medaille zwei Seiten. Da ich kurz vor meinen Abschlussprüfungen stand, war ich gerade auf Arbeitssuche für die Zeit nach meinem Studium. Zusätzlicher Verdienst schadet zwar nicht, aber ich fragte mich die ganze Zeit, ob ich in der Lage wäre, alle vor mir liegenden Aufgaben mit Bravour zu meistern. Andererseits, was kostete es mich schon, diese Nummer anzurufen? Dann könnte ich im Laufe des Gesprächs eine Entscheidung fällen. Getreu dem Motto, was du heute kannst besorgen, das verschiebe nicht auf morgen, rief ich noch am selben Tag an. Das Gespräch verlief so positiv, dass wir uns für den nächsten Tag verabredeten, um uns kennenzulernen und den ersten Unterricht durchzuführen.

So saßen wir am nächsten Tag in einem Café: Helmut und ich. Er war groß, gutaussehend, hatte hellblonde Haare und sah einem Slawen sehr ähnlich. Vielleicht war dies der Grund, warum er Russischunterricht nehmen wollte. Helmut erzählte mir, dass er Russisch für seine Arbeit brauchte. Er arbeitete in einem deutsch-russischen Unternehmen, in welchem es ohne diese beiden Sprachen natürlich nicht möglich war, zu arbeiten. Er konnte schon Russisch. Aber es war halt nicht so gut, um in keines der vielen Fettnäpfchen zu treten, welche diese Sprache so herausfordernd macht. Dazu passte auch gleich die erste Geschichte, welche er mir erzählte. Im Russischen unterscheiden sich die Worte schreiben (pisát') und pissen (písat') nur durch die Betonung. Eines Tages wollte Helmut mit seinen bis dato erworbenen Russischkenntnissen auf seiner Arbeitsstelle glänzen. Leider betonte er das Wort falsch: Anstatt pisát' – schreiben - sagte er písat' – pissen. Nach diesem peinlichen Vorfall entschloss er sich, sehr ernsthaft mit der Sprache zu beschäftigen. Denn dieser Zwischenfall zeigte ihm deutlich auf, dass seine Schulkenntnisse mehr als mangelhaft waren.

Mir war gleich klar, dass ich Helmut helfen konnte, ja musste. Diese Hilfe war aber nicht von langer Dauer. Sehr kurz nach Beginn unseres Unterrichts bekam ich meinen ersten Arbeitsvertrag, für einen richtigen Job! Ich sollte nur noch die letzte Abschlussprüfung ablegen und könnte eine Woche danach mit der Arbeit

anfangen. Da ich für diese neue Arbeitsstelle auch noch in eine andere Stadt umziehen musste, hatte ich einfach keine Zeit mehr, Helmut zu unterrichten. Und nachdem Katja und nun auch ich ihn nicht unterrichten konnten, erbte Julia – meine andere russische Freundin – den Job. Sie musste sich noch mindestens zwei Semester ihrem Studium widmen und konnte so unserem Schüler über einen längeren Zeitraum weiter helfen. Gott sei Dank reagierte Helmut ganz gelassen auf diese Veränderungen. Wahrscheinlich auch deshalb, da ich ihm schon bei unserem ersten Unterricht mitteilte, dass so etwas Ähnliches passieren könnte, was mir schon etwas peinlich war. Trotz dieser Entwicklung hielten Helmut und ich den Kontakt miteinander.
Ab und zu schrieb er mir in seinen E-Mails über seine Erfolge und Misserfolge beim Erlernen der russischen Sprache. Diese musste er natürlich auf Russisch schreiben, da ich ihm sagte, ich könnte sie sonst nicht lesen. Dabei war auch der Unterricht mit Julia nicht von langer Dauer. Irgendetwas gefiel ihm an ihrer Unterrichtsmethode nicht, aber die Geschichte schweigt darüber, was genau der Grund für die Trennung der beiden war. Deswegen entschloss sich Helmut kurzerhand, Arbeit und Vergnügen zu verbinden und einen Urlaub in Russland zu verbringen und dort komplett in

die russische Sprache abzutauchen. Er wollte dort eine Sprachschule besuchen. Er war zwar schon immer etwas verrückter, aber gleich ins kalte Wasser zu springen und in irgendeine entlegene Stadt im Herzen von Russland zu reisen, diesen radikalen Sprung wollte er dann doch nicht wagen. Aus diesem Grund war Moskau und seine Umgebung das Ziel seiner ersten Russlandreise. Helmut, der an komfortables Leben gewohnt war, entschloss sich, wie ein einfacher russischer Mensch zu leben. Er wollte mit jeder Zelle seines Körpers alle freudigen und traurigen Momente dieses einfachen Menschen spüren, diese berühmte, geheimnisvolle Seele des russischen Volkes kennenlernen.

Um dieses großartige Ziel zu erreichen, wohnte er nicht in einem Hotel, sondern bei einer Gastfamilie in der Nähe von Moskau. Die Sprachschule selbst befand sich im Herzen von Moskau, was ihm eine perfekte Gelegenheit gab, die Hauptstadt Russlands sehr nah kennenzulernen. Er wollte doch nicht nur die Provinz schnuppern. Um nach Moskau zu kommen, musste er die Regionalbahn benutzen. Zu seinem Erstaunen waren die Züge ziemlich neu, modern und schnell, aber vor allem waren sie voll bis unters Dach: immer. Helmut hatte schon früher über die Besonderheiten der russischen öffentlichen Verkehrsmittel gehört, aber jedes Mal dachte er, dass diese Geschichten vollkommen übertrieben und nur scherzhaft gemeint waren. Er konnte nicht daran glauben, dass man immer im Stehen fährt, weil die Sitzplätze immer belegt sind. Dies lernte er nun am eigenen Leib kennen und konnte es schon verkraften, besonders als Mann. Dass es aber auch der Wahrheit entsprach, dass sich seine eigenen Körperteile scheinbar nicht mehr unter seiner Kontrolle befinden, wunderte ihn noch viel mehr. Seine Arme und Füße befanden sich irgendwo im nirgendwo und irgendwie. Dass sie immer noch existierten und zu ihm gehörten, erkannte Helmut erst wieder, als er aus dem Wagen herausgetragen wurde, wie alle anderen auch. Die Regionalbahn erreichte ihre Endstation und die gesamte Menschenmasse, welche diese füllte, wollte wie er weiter zur Metro. Diese Metrostation wurde vor kurzem mit einem neuen Kontrollsystem ausgestattet, von welchem nach kurzer Zeit leider nicht sehr viel übrig geblieben war. Denn die Tausenden von Passagiere schmetterten auf ihrem Weg zum richtigen Zug alles nieder, was ihnen in den Weg kam. Alle mussten zur Arbeit, alle hatten zu tun und niemand scherte sich um neue Kontrollsysteme.

All dies merkte Helmut sich nur am Rande, schwimmend mit den anderen Passagieren zur Metrostation. Viel Zeit um nachzudenken oder sich über dieses Phänomen zu wundern hatte er sowieso nicht. Er musste schließlich auch weiter. Aber wie die meisten Menschen, passte er sich an die neuen Umstände schnell an, und schon nach zwei Wochen war diese Art der Fortbewegung vollkommen normal für ihn geworden. Er ertappte sich sogar dabei, wie er manchmal selbst Leute nach vorne schubste und dabei „Dawei, dawei" rief, damit sie sich schneller bewegten. Alle mussten doch rechtzeitig ihre Angelegenheiten erledigen!

Nachdem er wieder bei sich zu Hause angekommen war, hatte er nach seinem Empfinden die erste Etappe des Vertiefens in die russische Sprachatmosphäre erfolgreich bestanden. Deswegen entschied er sich dafür, schon im nächsten Jahr nach Sibirien zu reisen. Dabei wollte er auf jeden Fall Novosibirsk vermeiden, da diese Stadt jedem zweiten Europäer sehr bekannt ist. Zu langweilig für Helmut. Für sich wollte er Tomsk erobern, die Stadt im tiefsten Sibirien, welche im Jahr 1604 gegründet wurde und seinen Aufschwung den aus Moskau und Sankt Petersburg verbannten Adel- und Geschäftsleuten verdankte. In dieses intellektuelle Mekka, wo die erste Universität

Sibiriens gebaut wurde, flog unser Reisender ein Jahr später.

Endlich landete das Flugzeug. Das sibirische Land begrüßte Helmut mit seiner Gastfreundlichkeit. Taxifahrer boten ihm ihre Leistungen um die Wette an. Er suchte sich denjenigen aus, der ihm am sympathischsten schien. Und Tatsache, Sergej – so hieß der Taxifahrer – war einer der ehrlichen Zeitgenossen und wollte ihn nicht betrügen. Er wollte ihn einfach nur auf dem kürzesten Weg zum richtigen Hotel bringen. Sie verabredeten sich für den nächsten Tag, um eine Stadtrundfahrt zu machen. So lernte Helmut unter anderem die Universität kennen, welche noch vom letzten Zaren gegründet worden war. Sergej zeigte ihm auch Akademgorodok, die Wissensschmiede der Stadt. Neben diesem offiziellen gab es auch ein Unterhaltungsprogramm, welches aus den typischen Restaurants mit singenden Zigeunern und tanzenden Gästen, Diskos mit nicht nur russischer Musik und nächtlichen Spaziergängen bestand. Er verliebte sich dabei in diese Stadt so sehr, dass er beinahe dort geblieben wäre. Insbesondere wurde sein Herz von unzähligen Studentinnen auf irren hohen Absätzen und noch kürzeren Röcken verzaubert. Helmut befand sich in einem sehr rauschenden Zustand. Aus diesem rettete ihn nur sein

Pflichtgefühl: sein Urlaub näherte sich dem Ende und er musste in Deutschland wieder zur Arbeit, blieb aber mit Sergej in Kontakt. Dieser lud ihn zur nächsten Silvesterfeier ein, womit Helmut sofort einverstanden war. Er wollte schon immer an diesem höchsten russischen Fest teilnehmen, bei welchem es immer die obligatorischen Pelmenis gab, mehrere bis zum bersten gefüllte Bottiche mit den verschiedensten Salaten und natürlich Wodka, im besten Fall selbst Gebrannter. Nach der reichlichen Aufnahme des Nationalgetränkes war vollkommen nebensächlich, wer welche Sprache sprach. Alle verstanden auch ohne Worte wunderbar, was der andere meinte. Die pure Völkerverständigung!

Und Helmut flog wieder nach Tomsk. Und wieder brachte Sergej ihn in die Stadt. Dieses Mal fuhr er ihn aber nicht ins Hotel, sondern zu sich nach Hause: Sie waren schließlich schon Freunde geworden. Ein Ereignis dieser Fahrt wird Helmut niemals vergessen, da er es damals nicht glauben konnte. Er kannte Land und Leute damals einfach noch zu wenig.

Aus dem Seitenfenster von Sergejs Taxi konnte er auf beiden Seiten der Straße, welche in die Stadt führte, unendlich weite und verschneite Felder sehen. Das Thermometer des

Taxis zeigte an, dass der Winter dieses Jahr gelungen war. Es waren Temperaturen weit unter – 30°C. Und in diesem märchenhaften Schneereich sah er, wie ein Mann unbeweglich stand und rauchte. Helmut hatte nur eine einzige Frage:
„Was macht der Mann denn hier?"
„Er ist raus gekommen, um zu rauchen. Das sieht man doch", antwortete Sergej und sprach weiter."
„Weißt du, wir denken auch an unsere Umwelt. Und der Mann wollte sicherlich die Luft in seinem Dorf mit seinem Qualm nicht verpesten."
Sie fuhren an dem rauchenden Mann vorbei. Dabei fiel Helmut auf, dass es weder in der Nähe, noch in der Weite ein Örtchen gab.
Die nächsten Tage war er mit der Festvorbereitung, wie Pelmenis machen und Salate zusammen schneiden beschäftigt. Und mit … Olga. Sie war die Schwester von Sergej und wurde die zukünftige Frau von Helmut. Dank ihr lernte er Russisch so gut, dass er nicht mehr in Fettnäpfchen trat bei der Benutzung des einen oder anderen Wortes im falschen Kontext, oder durch die falsche Aussprache. Mit ihr fährt er jedes Jahr nach Sibirien, welches seine zweite Heimat geworden ist. Bis heute überrascht diese ihn jedes Mal aufs Neue.

Inhaltsverzeichnis

AUS DEM AKTUELLEN VERLAGSPROGRAMM

Traude Engelmann
Das ukrainische Amulett
Eine russlanddeutsche Familie im Schatten Stalins
Roman, Gebunden, 14 x 21 cm
872 Seiten, 24,90 €
ISBN 978-3-943583-23-6

Helga Scharp
Der Freiheit beraubt!
Eine deutsche Familie in der Sowjetunion
Autobiographischer Roman
Broschur, 14 x 21 cm,
652 Seiten, 12 Abbildungen, 19,90 €
ISBN 978-3-943583-05-2

Dmitri Stratievski
Sowjetische Soldaten in deutscher Kriegsgefangenschaft
Menschenschicksale in Selbstzeugnissen
Paperback, 14 x 21 cm
414 Seiten, 49,90 €
ISBN 978-3-943583-29-8

Martin Ralchevski
30 POUNDS Der Kreuzweg zum Leben
Roman
Übersetzung aus dem Bulgarischen
von Velina Weber
Broschur, 14 x 21 cm
359 Seiten, 2 Abbildungen, 19,90 €
ISBN 978-3-943583-41-0

Artur Böpple
Literaturblätter deutscher Autoren aus Russland
Almanach 2014
Broschur, 14 x 21 cm, 344 Seiten, 14,90 €
ISBN 978-3-943583-53-3